Gabriele Kuby

**gib der liebe eine chance!**

W0056701

∝fe

© fe-medienverlags Gmbh
Hauptstraße 22, D-88353 Kisslegg
www.fe-medien.de
Gestaltung: Renate Geisler
Titel-Logo: Ivona Ganter
Druck: Pustet, Regensburg
ISBN: 978-3-939684-51-0
Printed in Germany

Gabriele Kuby

gib der liebe eine chance!

*Die Freiheit – eine fortwährende Eroberung.*
*Sie kann nicht einfach Besitz sein!*
*Sie kommt als ein Geschenk,*
*doch bewahrt wird sie durch den Kampf.*

*Die Freiheit bezahlst du mit deinem ganzen Selbst –*
*darum wirst du Freiheit nennen, was dir,*
*während du zahlst, erlaubt,*
*immer neu dich selbst zu besitzen.*
*Um diesen Preis gehen wir in die Geschichte ein,*
*rühren an ihre Epochen.*

Johannes Paul II.

# inhalt

# 1 nicht für jeden

Dieses kleine Buch ist nicht für jeden. Es verrät dir ein Geheimnis. Geheimnisse werden durch Passworte, Geheimbünde, Verstecken und Schweigen verborgen. Kinder lieben es, Geheimnisse zu haben, und sind neugierig, die Geheimnisse anderer, besonders der Großen zu lüften. Aber die haben heutzutage kaum mehr Geheimnisse.

Das größte Geheimnis für den Menschen verbirgt sich hinter der Frage: Wie werde ich glücklich? Ich halte es für wahrscheinlich, dass dich das interessiert. Es kostet etwas, darauf eine Antwort zu finden. Jeder möchte glücklich werden, aber umsonst. Wenigstens ein Schnäppchen soll es sein und zwar sofort. Immer wieder und immer sofort und immer billig. Sorry! Funktioniert nicht. Glücklich wirst du auf diesem Weg nicht, vermutlich früher oder später sehr unglücklich. Aber dann kannst du immer noch den Weg aus der Sackgasse suchen. Den Weg kennt jeder: 180 Grad in die andere Richtung. „Bei der nächsten Gelegenheit bitte wenden", wiederholt die Navi-Stimme mit Penetranz. Sie kennt mein Ziel und hat den Überblick vom Satelliten, ganz weit oben.

Leute, die wissen, wie man glücklich wird, hat man früher weise genannt. Sie sind eine aussterbende Art. Viele wissen gar nicht mehr, dass es solche Menschen gibt. Hoffentlich ist dir schon einmal jemand begegnet, von dem du das sagen kannst. Großeltern sind eigentlich dafür vorgesehen, weil sie viel Zeit hatten, aus ihren Fehlern zu lernen. Auch Lehrer und Pfarrer. Die heutige Generation der Großeltern – nichts gegen deine! – macht aus den Fehlern Gesetze. Ich gehöre zu dieser Generation, den berühmten „68ern", aber ich habe aus meinen Fehlern gelernt. Das war nicht billig.

Da fällt mir auf: Ich habe einfach „du" gesagt. Wie komme ich dazu? Weil ich in diesem Buch über sehr Persönliches rede und mir vorstelle, ich rede mit einem jungen Freund. Das ist natürlich keine Einbahnstraße. Falls du Lust hättest, mir zu schreiben, kannst du mich ebenfalls duzen.

Als ich so alt war wie du vielleicht bist, hatte ich eine Lehrerin, die mich auch nach der Schule noch etwas zu lehren hatte, sie war weise. Ihr Name war Tilla. Ich schreibe ihren echten Namen hier hinein, weil sie sich im Himmel vielleicht darüber freut. Ich hatte großen Respekt vor ihr, habe sie am Anfang fast ein bisschen gefürchtet, aber immer, wenn es mir schlecht ging, ging es mir nach dem Besuch bei ihr besser. Schon damals fragte ich mich: Wie macht sie das? Sie hört doch nur zu.

Ich wünsche mir und dir, dass du dich nach dem Lesen dieses Büchleins – das dauert ungefähr so lang wie ein Besuch – besser fühlst, zuversichtlicher, hoffnungsvoller, entschlossen. Dass du die Ärmel hochkrempelst und sagst: Packen wir's an.

Es gibt eine Voraussetzung, damit dieses Büchlein dir nützlich sein kann. Nötig ist die Bereitschaft zu denken, auch wenn daraus eine Anforderung *in dir selbst* erwachsen könnte, etwas in deinem Leben zu ändern. Ich betone: *in dir selbst*. Anforderungen von außen abzulehnen, ist kein Problem. Das übt man schon, wenn man noch keine drei Jahre alt ist. Aber was, wenn du selbst erkennen müsstest, dass es etwas zu ändern gibt? Die Instanz in der eigenen Seele, die so etwas fordert, heißt Gewissen.

Die meisten Menschen hören auf zu denken, wenn sie nur wittern, dass ihr Gewissen aus dem Schlaf geweckt werden könnte. Kann man verstehen. Es könnte nämlich beißen.

Sie hören auf zu denken, wenn sie ahnen, dass sie in Widerspruch mit ihrer Umwelt kommen könnten, dem *Mainstream*, wie das heute heißt. Der Mainstream ist ein reißender Strom: Denken, was alle denken. Tun, was alle tun. „Dann mögt ihr mich doch und werdet mich nicht zum Außenseiter machen?", wimmert das kleine Kind in uns. Jeder hat diese Angst. Wenige überwinden sie. Wären es viele, gäbe es keinen Mainstream und keine Diktaturen.

Wer trotzdem denkt, ist ein Philosoph, ein Liebhaber der Weisheit. Die gewinnt man nur durch die Bereitschaft, nach der Wahrheit zu fragen und sie zu tun.

# 2 liebe und sex

Was beschäftigt dich in deinem Leben am meisten? Was katapultiert dich in den siebten Himmel? Was stürzt dich in den Abgrund der Verzweiflung? Wann fühlst du dich wie eine Königin, wann wie ein weggeworfener Lappen? Was schenkt dir Kraft zum Bäume ausreißen? Was schluckt alle Energie? Richtig: Alles, was mit Liebe und Sex zu tun hat. Darum geht es hier.

Das Wort Liebe hat Hochkonjunktur und wird für Verhaltensweisen verwendet, die das Gegenteil von Liebe sind, z. B. „Liebe machen" und „Liebe kaufen". „Liebe machen" haben wir von den Amis übernommen, die sagen „lets make love", wenn sie mit jemandem ins Bett gehen wollen. Da ist für den Geschmack der heutigen Studentengeneration aber immer noch zu viel von Liebe die Rede, darum heißt das heute „lets hook up" – haken wir uns heute Nacht mal ein. In Campus-Ratgebern wird den jungen Frauen empfohlen, vorher auszumachen, daß der Typ danach noch einmal anruft, weil sonst das Lappen-Gefühl hochkommen könnte.

*Make love not war* war ein genialer Verführungsslogan der Hippies in den 60er und 70er Jahren, so als würde Sex den Krieg verhindern. Sex ohne Liebe führt aber zum Beziehungskrieg.

Liebe kaufen ist unmöglich, da gehen selbst die Reichen leer aus, weil Liebe ein Geschenk ist, keine Bestechung und auch kein Handel: ich gebe dir etwas, *damit* ich etwas von dir bekomme –, das ist ein Deal, aber keine Liebe. Ich liebe dich, weil ich dich liebe als die einmalige Person, die du bist, und ich erhoffe nichts mehr, als dass du mich auch liebst als die einzigartige Person, die ich bin. Welches Wunder, dass wir uns begegnet sind – das ist Liebe, oder sagen wir, der Anfang von Liebe.

Jeder sehnt sich nach Liebe. Du und ich, deine Freunde und deine Feinde, deine Eltern und deine Geschwister, der Bettler auf der Straße und die Fürstin im Schloss. Liebe ist das Gold, nach dem alle suchen, das man aber bei Menschen nur in dem Maß findet, wie man selbst Gold verschenkt, nach und nach, Schritt für Schritt. Liebe ist der wichtigste und der begehrteste Stoff unseres Lebens. Mutter Theresa, die die Allerärmsten von der Straße aufgesammelt und ihnen ihre Würde zurückgeschenkt hat, sagt: „Die größte Armut dieser Welt ist der Mangel an Liebe."

Kannst du dich an eine konkrete Situation erinnern, in der du dich geliebt gefühlt hast? Vielleicht legst du das Buch zur Seite, machst die Augen zu und gehst auf einen Streifzug in deiner Erinnerung … bis du zu einer Situation kommst, in der dich eine ganz tiefe Freude erfüllt, weil jemand dir gezeigt hat, dass er dich liebt. Es könnte so gewesen sein:

*Jemand macht einen großen Umweg, um dich zu sehen.*

*Jemand unterbricht seine Arbeit, um für dich Zeit zu haben.*

*Jemand strahlt übers ganze Gesicht, wenn er dich sieht.*

*Jemand schaut dich so an, dass du dich schön fühlst an Leib und Seele.*

*Jemand steht unerwartet vor deiner Haustür, um dir beim Umzug zu helfen.*

*Jemand spricht für dich, wenn andere schlecht über dich sprechen.*

*Jemand stellt sich vor, hinter, neben dich, wenn du angegriffen wirst, obwohl ihm das selbst Nachteile bringen könnte.*

*Jemand erhebt keine Ansprüche auf dich, sondern gibt dir Raum, so dass du dich frei zuwenden kannst.*

*Jemand verzichtet „dir zu Liebe" auf etwas, z. B. auf gemeinsame Zeit, weil du sie mit jemand anderem verbringen willst.*

*Jemand hört mitfühlend zu, so dass du dich getröstet fühlst.*

*Jemand legt seine Hand auf deine, obwohl du gerade ekelhaft warst.*

*Jemand verzeiht dir deine Untreue und ist trotzdem treu.*

Und so weiter und so fort.

Ich will dir eine Geschichte erzählen, wie mir meine beste Freundin gezeigt hat, was Freundschaft heißt. Sie ist einer der wenigen Menschen, der Kränkungen und Verletzungen in der Regel erträgt, ohne Gleiches mit Gleichem zu vergelten. Bergpredigt in action. Einmal hat sie erfahren, dass jemand schlecht über mich geredet hat. Als der Herr drei Wochen später wieder ins Haus kam, hat sie ihn sich vorgeknöpft, und ihm klargemacht, dass sie nichts auf ihre Freundin kommen lässt. Sie würde auch dann nichts auf mich kommen lassen, wenn ich im Unrecht wäre. Unter vier Augen würde sie mir einen vorsichtigen Hinweis geben, aber nach außen immer und unter allen Umständen zu mir stehen.

So eine Freundin oder so einen Freund möchtest du auch? Das kann ich gut verstehen. Es ist ein unverdientes Geschenk. Die Frage ist, wie werden wir selbst ein guter Freund?

Was ist das Gemeinsame an den genannten Situationen?

Immer steht das Wohl des anderen im Vordergrund. Der Liebende schaut auf den anderen, nicht auf sich, er ist sogar bereit, auf etwas zu verzichten „mir zu Liebe". Wenn dieser Verzicht groß und echt ist, dann weiß ich ganz sicher, dass ich geliebt werde.

Noch eine Gemeinsamkeit gibt es: Die Hinwendung zum anderen geschieht aus Freiheit. Liebe ist ein Geschenk. Sie muss frei geschenkt werden. Freiheit ist für die Liebe so wichtig wie die Luft zum Atmen oder das Wasser für den Fisch. Ohne Luft – Mensch tot. Ohne Wasser – Fisch tot. Ohne Freiheit – Liebe tot. Viele meinen, Bindung in der Ehe sei ein Widerspruch zur Freiheit. Aber die Bindung geschieht aus Freiheit und macht ein Wachsen in der Liebe erst möglich.

Wir haben eine Ahnung, was Liebe ist, und zwar solche Liebe, die man nicht machen und nicht kaufen kann, die man nur in Freiheit geschenkt bekommen und schenken kann, Liebe, nach der wir uns alle sehnen.

Jeder sollte wenigstens am Anfang seines Lebens, wenn er klein und hilflos aus dem Schoß der Mutter in diese Welt kommt, in eine solche Liebe eingebettet sein. Die hormongesteuerte Biologie im Organismus von Mutter und Kind tut alles dafür, dass es zwischen ihnen „schnackelt".

Nach der Elternliebe kommt die Freundesliebe. Die fängt schon im Kindergarten an und wächst durch Erfahrungen von Glück und Enttäuschung, Eifersucht und Loslassen, Bindung und Freiheit – ein Leben lang.

Plötzlich taucht etwas ganz Neues auf:

### Liebe und Sex.

Die Kindheit ist endgültig vorbei. Da ist auf einmal etwas Neues, das dich treibt und zieht und komische Reaktionen auslöst, Herzklopfen, Rotwerden, Schweißausbruch; das deine Gedanken und deine Fantasie in Anspruch nimmt. Bei Jungen findet in der Pubertät eine gewaltige Ausschüttung des Hormons Testosteron statt, zwanzig mal mehr als bei den Mädchen. Testosteron ist verantwortlich für sexuelles Begehren.

Der Sexualtrieb *treibt* zum anderen Geschlecht. Das andere Geschlecht ist unglaublich anziehend. Die Mädchen tun alles dafür, damit sie anziehend sind – bauchfrei, busenfrei, schenkelfrei, Parfum, Lipgloss und Wimperntusche nicht zu vergessen. Männer reagieren nämlich ganz besonders auf visuelle Reize. Frauen sind weniger spezialisiert, sie schauen nicht nur, sie fühlen auch. Deswegen sind sie normalerweise wählerischer. Von innen werden wir getrieben und von außen gezogen – und da soll man noch einen klaren Kopf behalten?

Die Natur hat ziemlich starke Programme installiert, um sicherzustellen, dass die Menschen, nicht aussterben, und hat Nahrungsaufnahme und Fortpflanzung mit Lust ausgestattet. Wäre das nicht so, gäbe es die menschliche Gattung nicht mehr. Seltsamerweise meint der Staat heute, dass er den Kindern in Wort und Bild beibringen muss, wie das geht mit dem Sex. Vielleicht fürchten Politiker, das Volk würde sonst aussterben. Es stirbt tatsächlich aus, trotz Zwangssexualisierung im Schulunterricht.

Was wird nun aus der Liebe, wenn der Sexualtrieb den Takt vorgeben will? Das muss doch Liebe sein, wenn ich an gar nichts anderes mehr denken kann als an ihn oder sie. Der erste Kuss geht durch und durch, verlangt nach mehr und noch mehr, es ist wie ein Rausch, und nun, und nun – was spricht dagegen … eigentlich doch gar nichts … und „das erste Mal" ist geschehen. Hoffentlich hast du Glück gehabt und bist nicht schwanger geworden.

Bist du noch mit deinem Ersten, deiner Ersten zusammen? Du wirst ihn oder sie dein Leben lang nicht vergessen, selbst wenn du das gerne möchtest.

Dein Leben ist nach dem „ersten Mal" kompliziert geworden. Der größte Teil deiner Gedanken und Gefühle kreist jetzt um Liebe und Sex. Schule, Ausbildung, Studium werden Nebensache. Du blickst nicht mehr durch, du landest in einer Beziehungskiste, sie bricht wieder auf, du verletzt dich dabei, du verletzt andere, du probierst es neu – das tausendfache Drama, in dem du vielleicht selbst drinsteckst und das du überall siehst. Scheint ganz normal zu sein, denn allen geht es so. Niemand sagt dir, dass das „Normale" in Wirklichkeit krank ist.

Aber vielleicht bist du ja noch Jungfrau, hast noch alle Optionen offen. Good for you! Merkwürdig, dass die Sprache nur von Jung-*frau* spricht. Warum hat die Natur bloß dieses Jungfernhäutchen bei ihr eingebaut? Was könnte der Sinn sein?

# 3 1968 – die sexuelle Revolution

Was fällt dir bei Revolution ein? Mir fallen Gewalt und ermordete Menschen ein, Tausende, Hunderttausende – für einen „guten" Zweck, der eine reale Not für immer zu beseitigen verspricht. Bei der Französischen Revolution von 1789 haben sie eine Maschine erfunden, die Guillotine, sehr praktisch, da konnten im Minutentakt die Köpfe rollen. Erst waren es die Adeligen, sie sollten Platz machen für die Herrschaft der bürgerlichen Klasse, dann kamen alle dran, die der Schreckensherrschaft des Robespierre hätten gefährlich werden können. Zuletzt er selber.

Die Russische Revolution begann 1917 damit, dass die Zarenfamilie abgemurkst wurde, samt Kindern und Hund, es sollte die Herrschaft des Proletariats errichtet werden. Dann ging das Morden immer weiter, schließlich gegen die eigenen Leute, die dem Diktator Stalin im Weg standen, und zuletzt gegen das eigene Volk: Hunderttausende von Kulaken (Bauern) wurden im Arbeiter- und Bauernstaat entrechtet, enteignet, verschleppt, ermordet. 70 Jahre hat der Spuk gedauert, hat die halbe Welt unterjocht, und tut es noch in manchen Ländern.

Was 1968 von den Studenten angezettelt wurde, wird auch Revolution genannt. Das Wörterbuch definiert „Revolution" als „gewaltsamen politischen Umsturz". Kann man den radikalen Umsturz der sexuellen Normen als Revolution bezeichnen? Wo sind die Toten?

Es gibt sie, die Millionen Toten, jährlich auf der Welt schätzungsweise fünfzig Millionen, in Deutschland nach seriösen Schätzungen tausend an jedem Werktag. Diese Toten sind sehr klein, aber wenn man sie nicht umbringen würde, würden sie groß wie du und ich. Ich spreche von den Kindern, die im Mutterleib ausgeschabt, zerstückelt, abgesaugt und in den Müll geworfen werden.

Damals war das Töten ungeborener Kinder noch verboten. Heute wird es von Mächtigen zum „Menschenrecht" erklärt. Es hat also wirklich eine Revolution stattgefunden.

Weil du in eine Zeit hineingeboren bist, in der diese Revolution gesiegt hat und immer weiter siegt, möchte ich dir erzählen, wie es vorher war, vor 1968. Ich habe 1964 Abitur gemacht, und bin in den Strudel hineingeraten – als Mitläuferin, die ich eine Zeitlang war. Von 1964 bis 1967 studierte ich an der Freien Universität Berlin Soziologie, kam irgendwie in die Studentenvertretung (AStA), bin aber bereits 1967 an die Uni Konstanz gegangen, weil ich schon damals Haare in der revolutionären Suppe fand.

Als ich Schülerin war, sah die Welt noch anders aus. Wenn man von Familie sprach, war klar, dass damit Vater, Mutter, Kind(er) gemeint sind. Ehe und Familie stellten die Väter des Grundgesetzes unter den „besonderen Schutz der staatlichen Ordnung" (Art. 6,1) Es war unvorstellbar, dass wenige Jahrzehnte später eine Lebenspartnerschaft zwischen gleichgeschlechtlichen Erwachsenen der Ehe gleichgestellt werden könnte. Scheidungen waren selten, und jeder wusste, dass dahinter moralisches Versagen stand. Gerichte urteilten nach dem Schuldprinzip.

Wenn man als Paar ein Hotelzimmer wollte, musste man mit dem Pass nachweisen, dass man verheiratet war. In jedem Hotelzimmer lag eine Bibel.

Homosexualität wurde im Verborgenen gelebt. Abtreibung war verboten. Pornographie war verboten. Blasphemie – Gotteslästerung – auch. Beide Verbote wurden unter Kanzler Willy Brandt Anfang der siebziger Jahre abgeschafft. Pornographie gab es bis dahin nur in Schmuddelläden unter dem Ladentisch, nicht an jedem Zeitungskiosk und im normalen Fernsehprogramm. Prostitution war kein sozialversicherter Beruf, Transvestiten machten nur in Nachtclubs auf sich aufmerksam.

Der Schulunterricht war frei von Sex. Es gab keinen Sex(ualkunde)unterricht, im Deutschunterricht wurde aus dem reichen Schatz deutscher Bildungsliteratur geschöpft. Pornographisch angereicherte Werke hatten in der Schule nichts zu suchen. Kinder gingen zum Spielen in den Kindergarten, sie wurden nicht zum Ausleben ihrer „kindlichen Sexualität" ermuntert.

Der öffentliche Raum war frei von sexualisierten Bildern. Die Bildzeitung hatte kein Pornoweib auf der ersten Seite. Die Werbung, die damals Reklame hieß, arbeitete nicht mit sexueller Stimulation zum Verkauf von Produkten. In Filmen war der Höhepunkt ein Kuss des Paares, den Rest konnte man sich denken. Bravo machte seine jungen Leser nicht mit jeder Art von Perversion vertraut und bildete auch keine Jugendlichen ganzseitig nackt ab. Internet gab es nicht und deswegen auch nicht 4,2 Millionen Pornoseiten im Netz. Sexueller Missbrauch und Vergewaltigung waren – außer im Krieg – selten, sexuelle Gewalt unter Jugendlichen kein Thema, mit dem sich die Gerichte hätten beschäftigen müssen.

Sex – so war die allgemeine Ansicht – gehörte nur an einen Ort: ins Schlafzimmer eines Ehepaares, bestehend aus Mann und Frau. Enthaltsamkeit vor der Ehe wurde der Jugend als erstrebenswerte Norm vor Augen gestellt. Jugendsex im Elternhaus gab es nicht.

Natürlich werden strenge Sexualnormen nie durchgängig gehalten, sonst gäbe es keinen Stoff für die großen Romane, aber diese Normen galten als Leitstern und wurden von Pfarrern und Eltern gepredigt,

Abweichungen sozial sanktioniert, das heißt, das soziale Umfeld ließ die Person merken, dass sie das nicht gut und richtig fand. Trotz dieser „repressiven Sexualmoral", wie sie bald genannt wurde, war die Geburtenrate hoch. Trotz der Sexbesessenheit unserer Tage, sind wir ein aussterbendes Volk. Ich glaube, nicht *trotz*, sondern gerade *wegen* ihr.

Auf diesem moralischen Fundament entwickelte sich die einzigartige christlich-abendländische Kultur. Wir lassen sie gerade den Bach runtergehen.

Der englische Anthropologe J. D. Unwin untersuchte den Zusammenhang von Sexualität und Kultur.[1] Er stellte als Gesetzmäßigkeit fest: Je größer die sexuelle Beschränkung, umso höher das kulturelle Niveau; je geringer die sexuelle Beschränkung, umso niedriger das kulturelle Niveau. Und: Nur in Gesellschaften mit strenger Sexualmoral gibt es Gottesverehrung; wird die Beschränkung aufgegeben, gibt es nur noch Natur- und Tierverehrung. „Das einzig wirklich Bemerkenswerte an dieser Geschichte ist die Monotonie, mit der sie sich wiederholt."

Ich habe das Werk gelesen und mir fielen

---

[1] J. D. Unwin, *Sex and Culture,* London 1934

die Schuppen von den Augen. Moralverfall, Glaubensabfall, Familienzusammenbruch, Anstieg der psychischen Krankheiten und der Kriminalität, Leistungsabfall in der Schule, Drogenmissbrauch, Süchte aller Art, Spaß als Lebenssinn ... und viele, viele traurige Gesichter. Jetzt bricht auch noch der materielle Wohlstand weg. Und dann?

Es sieht ganz danach aus, als könnte Unwin Recht haben.

Meine Generation, jene die 1968 Studenten waren, hat den Schlaghammer in die Hand genommen und dieses Fundament zertrümmert. Auf der Fahne, die darüber gehisst wurde, steht in riesigen Lettern FREIHEIT. Tun und lassen dürfen, was ich will, besonders im Bereich der Sexualität. Endlich das Joch der kirchlichen Gebote abwerfen, noch besser die Kirche selbst zerstören. Freiheit, Freiheit und nochmal Freiheit! Inzwischen wird uns sogar eingeredet, es gehöre zur menschlichen Freiheit, sein Geschlecht zu wechseln, die sexuelle Orientierung sowieso.

Es sieht so aus, als hätten die Menschen heute mehr Freiheit als je zuvor. Früher – damit meine ich nicht das Mittelalter, sondern die Zeit vor 1968 – haben die Erwachsenen im Namen des Guten Grenzen gesetzt, und die

Jungen haben dagegen rebelliert, bis sie selbst Eltern waren und das Spiel wieder von vorne begann. Dass alle Schutzwälle des Guten von einer jungen Generation dauerhaft eingerissen wurden, das ist ein neues Phänomen. Die Rebellen von 68 traten „den Marsch durch die Institutionen an" und haben die Machtpositionen dieser Gesellschaft besetzt, in der Politik, den Medien, den Universitäten, der Justiz. Was damals „außerparlamentarische Opposition" war, ist heute institutionalisierter Mainstream. Wer dagegen schwimmt, wird kaltgestellt.

Heute gegen die Elterngeneration zu rebellieren, ist gar nicht einfach, denn es gibt keine Grenzen mehr, die ihr einreißen könntet. Neu wäre, wenn ihr freiwillig Grenzen ziehen würdet. Neu wäre Umkehr, statt Revolution. Umkehr bringt Leben hervor, nicht Leichen.

# 4 freiheit und wahrheit

Die Sache mit der Freiheit ist schwierig. Und die mit der Wahrheit auch. Wahrheit ist heutzutage ein No go. Aber nicht nur heutzutage. Schon Pilatus fragte Jesus: „Was ist Wahrheit?", wollte aber keine Antwort hören. Er ging hinaus und fragte die johlende Masse, ob er Jesus oder Barabbas freilassen solle. Die Masse soll bestimmen, was – nein – *wer* wahr ist. Das Ergebnis ist bekannt. Der eine wollte nicht wissen, was Wahrheit ist, und die anderen wollten, dass die Wahrheit gekreuzigt wird. Woraus ersichtlich ist, dass Abstimmung ein untaugliches Instrument ist, um festzustellen, was wahr ist.

Es scheint heute vielen so, als wäre die Überzeugung, dass es Wahrheit gibt, ein Angriff auf die Freiheit. Wenn Freiheit bedeutet, ich darf tun (denken, reden, schreiben, filmen, senden), was ich will, und jemand kommt, der sagt, es

gibt einen objektiven Maßstab, von dem ab-
geleitet werden kann, ob es gut oder schlecht
ist, was einer tut, dann ist das für den, der
Freiheit so versteht, bedrohlich. Er hält sich
lieber ans eigene Ich.

Ist es Freiheit, sich ins Koma zu saufen
(was 25 000 Jugendliche 2008 in Deutschland taten), ohne Musikbeschallung nicht
leben zu können, oder sich für „Gangbang"
herzugeben? Wer das tut, meint, er tue es freiwillig. Erlebt er sich als frei, erlebt er sich *hin-
terher* als frei? Freiheit heißt, wählen können.
„Tu, was du willst!", ist nur das halbe Lied,
denn das, was ich tue, hat Folgen. Habe ich,
wenn ich getan habe, was ich will, am Ende
an Freiheit gewonnen oder verloren? Verfüh-
rung heißt, dass das dicke Ende nach allen
Regeln der Manipulation verborgen wird.
Wir wollen es ja auch gar nicht wissen. Hier
ist der Joint, high sein, jetzt sofort der Kick,
geiles Gefühl – morgen interessiert nicht, nur
*jetzt* will ich mich gut fühlen; und weil das
nicht anhält, morgen wieder, und mehr davon, ich bin ja frei, so frei. Nur leider komme
ich nicht mehr aus dem Bett, warum auch,
interessiert mich nicht, was da in der Schule
läuft. Die Noten werden schlecht, das Selbst-
wertgefühl sinkt, aber bei meinen Kumpeln

einen durchziehen, da fühl ich mich wieder gut. Noch ein paar Windungen der Spirale nach unten und du steckst im Gefängnis der Sucht. Denn:

Wenn du das Böse wählst, verlierst du die Freiheit.

Sucht heißt, du brauchst etwas, damit du dich gut fühlst, und dieses Etwas macht dich kaputt. Teuflisch! Es fing doch mit Freiheit an und jetzt ist es die schlimmste Unfreiheit, die sich denken lässt. Du selbst bist zu deinem eigenen Sklaven und Sklaventreiber geworden. Dieses Etwas ist bei ganz vielen Menschen Sex live oder virtuell am Bildschirm. „Sexuelle Befreiung" war die Parole von 68 – und wo sind wir gelandet? In sexueller Sucht.

Was heute läuft mit Sex und Porno und Alkohol und Drogen und der dazu passenden Musik (z. B. Sido, Marylin Manson, Eminem, Lady Bitch Ray) brauche ich dir nicht zu sagen. (Ganz nebenbei: Jeder vierte Jugendliche hat bleibende Gehörschäden.)

Wohin treibt eine Kultur, die alle objektiven Maßstäbe für gut und böse zerbrochen hat, und die nicht mehr fragt, was dem Menschen und was dem Allgemeinwohl *dient*? Nun müssen wir in der Wirtschaftskrise auf dem harten Weg lernen, dass schrankenloser

Egoismus nicht Freiheit schafft, sondern sie zerstört.

Es ist wie ein gewaltiger Strudel, der jeden ergreift und in seinen Sog hineinreißen will. Aber wenn du aufwachst, musst du dich nicht mitreißen lassen. Denn in Wahrheit bist du frei, und die Wahrheit macht dich frei.

# 5 im strudel

Wie steht es mit deiner persönlichen Freiheit? Lassen dir die Prägungen und Einflüsse, denen du ausgesetzt bist, wirklich Freiheit? Rollt dein Leben auf vorgegebenen Gleisen, oder versuchst du deine Ziele selbst zu bestimmen? Vier Bereiche sind es vor allem, die den Heranwachsenden prägen: Familie, Gleichaltrige, Schule und Medien.

## die familie

Was hast du in deiner Familie über Liebe und Treue, über Mann und Frau, über Vatersein und Muttersein gelernt? Hast du Vorbilder, an denen du dich orientieren kannst, die dir Halt und Kraft geben und ein unerschütterliches Vertrauen? Oder musst du mit tiefen seelischen Verletzungen und emotionalen Entbehrungen in einer Scheidungsfamilie fertig werden? Alles, was du erlebt hast, das Gute und das Schlechte, ist Vorbild für dich, es wirkt, gibt dir Bahnen für das eigene Leben vor, die selbst dann bestimmend sind, wenn du sie verwirfst.

Wenn du dich geliebt weißt, wenn dir dein Vater ein Beispiel ist, wie man als Mann das Leben meistert; wenn er stolz auf seinen Sohn ist und hinter dir steht, wenn er mit Wohlgefallen auf dich als Tochter schaut und sich freut, weil er an dir Ähnlichkeiten mit seiner Frau sieht, als sie noch jung war; wenn deine Mutter dir unverlierbare Geborgenheit schenkt, du als Sohn durch sie lernst, Achtung vor der Frau zu haben, und du als Tochter in der Seele ein Bild trägst von der Würde und besonderen seelischen Kraft der Frau – dann sind das nahezu paradiesische Zustände, für die du jeden Tag danken kannst.

Auch wenn in den Medien fast nur kaputte Familien vorkommen, heißt das aber nicht, dass es solche Familien nicht gibt.

„Ein guter Mensch, wer wär's nicht gern, doch die Verhältnisse, die sind nicht so", klagte Berthold Brecht. Auch meine Verhältnisse sind nicht so. Ich komme aus einer Scheidungsfamilie und bin selbst wieder geschieden. Wie schade! Wieviel Schmerz, wieviel Enttäuschung, wieviel seelische Last für alle Beteiligten in jeder einzelnen der 200 000 Familien, die jährlich geschieden werden, Tendenz steigend! Wahrscheinlich trägst auch du Lasten, die dir durch die Grenzen der Liebesfähigkeit deiner Eltern aufgebürdet wurden. Wie wird es mit deiner Liebesfähigkeit als Vater und Mutter bestellt sein?

Jeder trägt solche Lasten, leichtere und schwerere. Die Wegweiser in die Freiheit heißen: Selbsterkenntnis, Vergebung, Verantwortung – ein Lebensprogramm.

Selbsterkenntnis: Wie bin ich geworden? Wie habe ich mich verhalten? Wo sind meine Schwachstellen? Wo bin ich im Übermaß bedürftig? Wenn du in deiner Familie keine Geborgenheit hast, wirst du sie sehr bald in den Armen eines Freundes oder einer Freundin suchen – um dann womöglich recht bald festzustellen, dass du nicht bekommst, was du in der Tiefe suchst, weil er oder sie das Gleiche von dir braucht.

Zur Selbsterkenntnis gehört auch die Frage: Was für ein Ziel habe ich? Will ich trotz allem selbst eine Familie gründen? (Um das herauszufinden lade ich dich später zu einer kleinen Fantasiereise ein.)

Vergebung: Es klingt paradox, aber ich weiß, dass es wahr

ist: Wenn du anklagst, bleibst du gebunden, wenn du vergibst, wirst du frei. Heuchelei und frommer Selbstbetrug bringen es nicht. Wenn du nicht vergeben kannst, kannst du es noch nicht, dann brauchst du Zeit und Hilfe. Wichtig ist, dir nicht einzubilden, du seist frei, wenn du mit deinen Eltern „Schluss machst".

Kluge Therapeuten haben sich über das Phänomen des Generationenbruchs Gedanken gemacht und herausgefunden: Jugendliche ertragen es nicht, in zwei Wertsystemen zu leben, dem familiären und dem der eigenen Clique. In der Clique dazuzugehören, erleben sie als lebenswichtig und lassen deswegen die Familie auf der Strecke.[2]

Verantwortung: Was auch immer gewesen ist, du bist für dein Leben verantwortlich. Du kannst dir Ziele setzen, du kannst dich verändern, das ist schwer genug; die anderen sind einfach so verdammt resistent.

Das ist ein Lebensprogramm, für das jeder Hilfe braucht und Hilfe bekommt, wenn er sich auf den Weg macht.

---

[2] Gordon Neufeld – Gabor Maté, *Unsere Kinder brauchen uns*, Bremen 2006

**die clique**

Woran orientierst du dich, wenn du entscheidest, welche Klamotten du kaufst? Welche Musik du hörst? Wieviel Alkohol du trinkst? Wie du mit Mädchen oder Jungen umgehst? Kaum etwas ist wichtiger, als von der wichtigsten sozialen Gruppe, zu der wir gehören, angenommen zu sein, zuerst von der Familie, dann von den Gleichaltrigen in der Schule, im Studium, im Beruf. Kaum etwas ist bedrohlicher, als zum Außenseiter zu werden. Vielleicht ist das eine alte Erinnerung in unserem Stammhirn, dass wir außerhalb des Stammes nicht überleben können. Obwohl sich Stämme und Sippen weitgehend aufgelöst haben, wir informations- und verkehrstechnisch mobiler sind denn je und die Berufswelt Mobilität erzwingt, bleibt diese Urangst: ausgeschlossen werden aus dem Rudel und einem Abgrund des Nichts gegenüberstehen. Das ist der Stoff, mit dem soziale Gruppen Kontrolle und Macht ausüben.

Je jünger einer ist, je weniger Rückhalt er in der eigenen Familie hat, je schlechter sein Selbstbewusstsein, umso gefügiger wird er gegenüber dem Druck der eigenen Gruppe sein und tun, was „alle tun". Die einen fügen sich, die anderen kommen in die Machtposition und setzen den Trend, indem sie super cool einen auf bad boy oder bad girl machen. Im Innern sind sie genauso schwach.

Was tust du, wenn Komasaufen Pluspunkte bringt oder Bauchfrei bis zu den Schamhaaren oder die Tätowierung über den Pobacken oder Drogen oder Pornobilder auf dem Handy oder Sex mit möglichst vielen und Abiturfahrten, bei denen es nur darum geht?

Ich schlage dir vor, nimm ein Blatt Papier und schreibe auf, was man in deiner Gruppe meinen, sagen, tun, anziehen, hören muss, um „in" zu sein. Dann frage dich, ob du das eigentlich willst. Nützt es dir, schadet es dir?

Wenn du nicht rauchst, nicht säufst, keinen Freund, keine Freundin hast, noch mit niemandem geschlafen hast (irgendwie scheinen sie das zu riechen), Bücher liest und lernen möchtest, etwa gar in die Kirche gehst, wirst du vielleicht eine Zeitlang Sticheleien und Spott ertragen müssen. Aber dein Ansehen in der Gruppe hängt langfristig von anderen Dingen ab wie Intelligenz, Humor, Hilfsbereitschaft, Selbstbewusstsein. Es heißt auch nicht, dass du keinen Spaß mehr haben wirst, aber einen Spaß, der Freude hinterlässt und nicht Elend. Wenn die anderen sehen, dass du gut drauf bist, die Schule locker schaffst und ein interessantes Lebens hast, wirst du Anerkennung bekommen und es würde mich nicht überraschen, wenn sie dich zum Klassensprecher wählenn sollten.

## sex(ualkunde)unterricht in der schule

Wie steht es mit deiner Freiheit, dich für das Gute zu entscheiden? Das wird dir nicht nur von deinen Kumpeln, das wird dir auch von der Schule schwergemacht, ganz besonders in Punkto Sex. Der Staat hat sich seit einigen Jahrzehnten darauf verlegt, den Kindern eine ganz bestimmte Auffassung von Sex reinzudrücken: Alles ist gut, was Lust bereitet, nur eine Einschränkung soll es geben: Niemand darf zu etwas gezwungen werden, das er nicht will.

In einer neuen Broschüre „Rund ums Thema Liebe, Zärtlichkeit, Sex", herausgegeben vom Land Niederösterreich, heißt es: „Anna steht auf Lisa, Lisa auf Anna und Paul, Mark auf Tobias, Julia auf Romeo … also, wie jetzt?" In der Tat – wer blickt da noch durch!

Sämtliche Schriften der deutschen Bundeszentrale für gesundheitliche Aufklärung (BZgA) für welche die Ministerin für Familie, Senioren, Frauen und Jugend zuständig ist und die millionenfach steuerfinanziert überall verteilt werden, wo Kinder und Jugendliche sind, verbreiten in Wort und Bild und übers Internet diese Botschaft:

Schon im Kindergarten soll die „kindliche Sexualität" gefördert und ausgelebt werden. Geschlechtsverkehr ab der Pubertät ist normal; Homosexualität gilt als normal und gleichwertig mit der Heterosexualität, Bisexualität auch, Geschlechtsumwandlung wird als Option angeboten, von der Krankenkasse finanziert. Kinder werden ab zehn Jahren zu Verhütungsexperten ausgebildet, indem sie z. B. in der Klasse üben, Kondome über Plastikpenisse zu ziehen.

Sie werden in Wort und Bild über sexuelle Techniken informiert, oral, anal inbegriffen. Masturbation wird empfohlen. Sie bekommen die Adressen von Abtreibungskliniken und den Hinweis auf Finanzierung durch die Krankenkasse; sie erhalten Tipps, wie man sich am besten „outet", und Links zur Homoszene.

Welche Botschaft bekommen Kinder, deren Schamgefühl auf diese Weise brutal gebrochen wird? Nehmen wir an, sie hätten Kochunterricht und würden lernen, mit Messer und Mixer umzugehen. Sie würden verstehen: Ich soll kochen, jetzt, vermutlich nicht erst wenn ich verheiratet bin. Das ist bei Penis und Kondom nicht anders: Aha, ich soll ein Kondom über einen Penis ziehen, jetzt, nicht erst, wenn ich verheiratet bin, hihihi, bin zwar erst zehn Jahre alt, aber bald schon elf …

Mädchen bekommen beim ersten Besuch beim Frauenarzt in der Regel die Pille verschrieben. Wenn es doch zur Empfängnis kommt, dann wird Tötung empfohlen: Mit Chemie (Mifegyne) oder chirurgischem Besteck. No problem! Entscheide dich, hier sind die Adressen von Abtreibungskliniken.

Großunternehmer in Sachen Abtreibung ist übrigens die Organisation pro familia. Wie Namen doch täuschen können! pro familia führt häufig den Sexunterricht an den Schulen durch und schafft sich so die eigene Kundschaft.

## zuruf an die politiker/innen

Könnte da irgendwas falsch laufen? Fällt dir nicht auf, dass die Politiker genau das Gegenteil von dem erreichen, was Sie als Ziel Ihrer Politik ausgeben: weniger Missbrauch, weniger Geschlechtskrankheiten, weniger Teenagerschwangerschaften, weniger Teenagerabtreibungen, ... *mehr* Kinder. Unter unseren Regierungen gibt es aber von all diesen Dingen, die die Politiker angeblich, nicht wollen, *mehr*, nur nicht mehr Kinder. Müsste man da nicht einmal prüfen, ob die Mittel zum Ziel führen?

Da den Politikern dieser Zusammenhang nicht entgehen kann, drängt sich ein schlimmer Verdacht auf, dass Sie genau das wollen, was Sie erreichen, oder es zumindest in Kauf nehmen. Eine Wirkung hat diese Politik: Sie macht junge Menschen, also dich, bindungsunfähig und damit familienunfähig.

Erinnern sich die Politiker noch an die Parole der kommunistischen 68er? *Kampf der bürgerlichen Kleinfamilie!* Es sieht so aus, als würde dieser Kampf immer noch geführt.

- Was tun sie dafür, dass Familien nicht immer mehr verarmen?
- Wann schaffen sie ein Rentensystem, indem sich die Singles nicht mehr aus der

Familienkasse bedienen können?

- Wann stoppen Sie die Tötung von Millionen ungeborener Kinder?

Eines ist sicher: Der jungen Generation werden Lasten aufgeladen, (und das ist die deine) die sie nicht tragen kann.

Das sind Fragen, die *ihr* werdet stellen müssen, Fragen, für die *ihr* Lösungen finden müsst. Welche politischen Kräfte werden sich der Antworten bemächtigen unter Bedingungen materieller Not?

## medien

So richtig rosig sieht es nicht aus mit der Freiheit, wenn man das alles bedenkt. Unsere Umwelt formt uns und beschränkt den Raum der Möglichkeiten, in dem wir tatsächlich wählen können. Wenn es in einem Kleiderladen nur Schwarz und Rot gibt, ich aber gerne Gelb hätte, bin ich nicht frei. Wenn es in allen Läden nur noch Schwarz und Rot gibt, stellt sich die Frage, ob ich Gelb vergesse oder auf die Suche gehe, bis ich es finde.

Im April 2009 gab es in Berlin eine Volksabstimmung, ob Schüler zwischen Ethik und Reli als Pflichtfach wählen können sollen. Nein, sagt die Mehrheit, nur Ethik. Das war dem schwulen Bürgermeister ein Herzensanliegen, denn in zeitgemäßer Ethik wird den Kindern beigebracht, dass es ihr „Menschenrecht" ist, ihr Geschlecht zu wechseln und ihre sexuelle Orientierung zu wählen: schwul, lesbisch, bi oder trans. Auf die körperlichen und psychischen Auswirkungen eines homosexuellen Lebensstils hinzuweisen, wird als „menschenverachtend" diffamiert.

Hinter diesem Kurs steht die geballte Kraft der Medien. Der durchschnittliche TV-Konsum liegt bei 3,5 Stunden. Immer mehr Jugendliche sind internetsüchtig. Wieviele Stunden sitzt du täglich freiwillig und zum Vergnügen vor Bildschirmen? Wieviele Morde und andere Gewalttaten siehst du durchschnittlich pro Woche, wieviele sexuelle Akte welcher Art zwischen wem? Wann hast du zuletzt in einem Film eine glückliche Familie erlebt und Liebe zwischen einem verheirateten Mann und seiner Frau? Über Videospiele kannst du in all das interaktiv einsteigen, selber morden ... Wem fällt jetzt nicht Winnenden und Erfurt ein?

Das Fernsehen fordert neuerdings die Eltern mit Werbeaktionen auf („Schau hin, was deine Kinder machen"), die Kinder vor dem Dreck zu schützen, den es selbst in die Wohn- und Kinderzimmer spült. Das ist ungefähr so, als würde das Wasserwerk Gift ins Trinkwasser gießen und dann die Haushalte auffordern, es wieder herauszufiltern.

Zur Pornographie. Kinder zeigen sich Pornobilder auf dem Handy, stellen sie selber auf der Schultoilette her; ein paar Mausklicks, und du kannst alles sehen, was du beim ersten Mal bestimmt nicht sehen wolltest, was dann aber plötzlich klebrig wird wie ein Fliegenfänger für die Fliege. 35 % aller Downloads aus dem Internet sind Pornographie, Jahresumsatz weltweit 2006 ca. 57 Milliarden Dollar.[3]

Viele, sehr viele Menschen schauen sich freiwillig Bilder und Filme an, bei denen sie anderen bei allen (Ab-)Arten sexueller Praktiken zuschauen, um sich selbst vor dem Bildschirm zu erregen.

Was für eine Entwürdigung! In welcher Hölle leben die Menschen, die sich dafür verkaufen? Daran Gefallen

---

[3] Thomas Schirrmacher, *Internetpronografie,* Holzgerlingen 2008.

zu finden, heißt, Mitbewohner dieser Hölle zu werden. Pornographie macht besonders schnell süchtig. Es zerstört den Menschen, wenn er *benutzt* wird wie ein Gegenstand, insbesondere in einem Bereich, der den innersten seelischen Kern des Menschen betrifft. Haben wir nicht Gefühl, Geist, Seele, Herz, eine Vergangenheit und eine Zukunft? Man denke an das Baby, das dieser Mensch einmal war, an das Alter und den Tod, auf den er zugeht.

Oft ist bei Pornographie anklagend von der Entwürdigung der Frau die Rede. Wieso nur der Frauen? Entwürdigen sich nicht auch die Männer, die einen Akt, der tiefste Liebeshingabe ausdrücken und einen Menschen zeugen kann, in der Kloake isolierter Triebbefriedigung ausleben?

Eines musst du wissen: Bilder können vergiften – nachhaltig. Wenn ich junge Leuten frage, „Wer hat schon Bilder gesehen, die er lieber nicht gesehen hätte?" gehen fast alle Hände hoch.

Der Körper hat Ausscheidungsorgane für das, was er nicht brauchen kann oder was ihm schadet. Der Geist nicht. Du möchtest vergessen, aber du kannst es nicht. „Ist doch nur ein Film", höre ich oft, wenn obszöne oder gewalttätige Bilder verharmlost werden sollen. Aber die Bilder wirken. Sie bestimmen ganz entscheidend in welcher Höhen- oder Tiefenlage wir uns innerlich befinden, was wir normal, was wir für möglich und was wir für wünschenswert halten. Deswegen sind Visionen so wichtig: sich ein Bild machen, wie das eigene Leben werden soll.

Bitte hol einmal tief Luft. Erinnerst du dich noch an den Anfang, als von Liebe die Rede war, von echter Liebe? Wenn du in dein Herz hineinhörst, weißt du was Liebe ist und wonach du dich sehnst. Hast du vielleicht einmal erlebt, dass jemand mit den Fingerspitzen deine Gesichtszüge nachgefahren ist und ihr mit klopfendem Herzen einander Einlass in die Augen gewährt habt, um die Seele des anderen zu berühren? „Wisst ihr nicht", fragt der Apostel Paulus, „dass der Körper ein Tempel des Heiligen Geistes ist?"

Zwischen dieser Sicht und dem, was du tagtäglich auf Bildschirmen serviert bekommst und in diesen „Tempel" einlässt, klafft ein unüberbrückbarer Abgrund.

**Du bist frei. Wähle!**

# 6 den anker in die zukunft werfen

Um wählen zu können, brauchst du ein Kriterium. Wikipedia definiert Kriterium so: „Ein Merkmal, das bei einer Auswahl zwischen Personen oder Objekten (Gegenständen, Eigenschaften, Themen, usw.) relevant für die Entscheidung ist."

Wenn du auf den Bahnhof gehst, um eine Fahrkarte zu kaufen, wird dich der Schalterbeamte fragen: „Wohin wollen Sie?" Wenn du dann antwortest: „Irgendwohin", wird er die Augenbrauen hochziehen und an deinem Geisteszustand zweifeln. Es gibt keinen Zug irgendwohin.

Jetzt geht es darum, herauszufinden, wohin du eigentlich fahren willst. Je deutlicher du das weißt, umso mehr Einfluss hast du auf die Richtung und die Stationen des Zuges, in dem du sitzt.

Ich möchte dich zu einer kleinen Fantasiereise einladen. Die Bilder, die wir uns machen, wirken wie ein Anker in die Zukunft, und zwar umso stärker, je plastischer wir sie uns vorstellen mit allen Sinnen. Wir können in der Fantasie schauen, hören, tasten, riechen und schmecken – erstaunlich eigentlich. Wenn jemand einen starken Wunsch hat, dann heißt das auf Bayerisch: Des hod a si eibüit: Das hat er sich eingebildet, er hat sich ein inneres Bild gemacht.

In einigen Jahren, fünf oder zehn oder fünfzehn, wird dein Leben eine bestimmte Gestalt haben. Hast du deiner Fantasie schon einmal freien Lauf gelassen und dir vorgestellt, wie dein Leben *optimal* wäre, wie es sein müsste, damit du rundum glücklich bist? Du brauchst nicht bescheiden sein und dich niemandem anpassen und brauchst es auch niemandem zu sagen.

Stell dir einfach vor, wie dein Leben aussieht, wenn du in fünf oder zehn oder fünfzehn Jahren an einem Sonntagmorgen rundrum glücklich aufwachst. Mach es dir bequem, entspann dich und warte, bis sich Bilder zeigen, bis du etwas spürst, fühlst, Geräusche hörst, etwas riechst. Was siehst du? Was erlebst du?

Klar? So, nun leg das Buch weg und wirf deinen Anker in die Zukunft.

*Wo warst du?*

*Wer war bei dir?*

*Welche Beziehung hast du zu dieser Person?*

*Wer war noch da?*

*Was hast du gefühlt?*

*Was hast du, was habt ihr erlebt?*

Ich habe diese kleine Fantasiereise schon öfter mit Gruppen von Jugendlichen gemacht. Das Ergebnis ist immer das gleiche:

Fast alle wachen neben ihrem Partner auf und haben eine eigene Familie. Die meisten sind mit ihrem Partner verheiratet, sie wachen also neben ihrem Ehemann oder ihrer Ehefrau auf. Kinderstimmen sind zu hören. Einige, die sich allein gesehen haben, dachten an eine religiöse Berufung. Nur ganz wenige sehen sich als Single und sagen: Ich springe aus dem Bett und studiere die Börsenkurse oder ich spurte zur Karriereleiter und erklimme die nächste Sprosse. (Natürlich ist es für den beruflichen Bereich genau so wichtig, dir vorzustellen, was du eigentlich willst!)

So vermute ich, dass wahrscheinlich auch du die Sehnsucht nach einer eigenen, glücklichen Familie in dir trägst, ganz egal, was du für Erfahrungen mit deiner Herkunftsfamilie gemacht hast. Damit hast du ein *Kriterium*, nämlich „ein Merkmal, das bei einer Auswahl zwischen Personen [und Verhaltensweisen] relevant für die Entscheidung ist."

Du hast nun – wahrscheinlich – zwei wichtige Pflöcke eingeschlagen:

1. Du sehnst dich nach Liebe und weißt im Grunde deines Herzens, dass Liebe das Gegenteil von Egoismus ist.
2. Du wünschst dir eine eigene, glückliche Familie.

Die Frage, die sich dir nun stellt, ist: Wie lebe ich heute, damit die Chancen steigen, dass ich mein Ziel erreiche? Sicherheit gibt es keine, da ist immer noch so was wie Schicksal, vielleicht sogar Vorsehung. Aber es gibt eine ziemlich große Sicherheit, wie du dein Ziel *nicht* erreichst. (Die 60 % Singles in Großstädten haben sich diese Frage nicht rechtzeitig gestellt.)

Erinnerst du dich an den Anfang des Buches? Ich habe gesagt: Die meisten Menschen hören auf zu denken, wenn sie ahnen, dass sie dadurch in Widerspruch mit dem Mainstream oder ihrem erwachenden Gewissen kommen könnten. Sie schlagen sozusagen im Halbschlaf auf den Wecker, drehen sich um und schlafen weiter. Du hast die Wahl: Weiterschlafen oder Aufwachen.

# 7 traummann und traumfrau

Du hast gerade deine Fantasie benutzt, um ein Entscheidungsmerkmal zu finden. Ich möchte dir vorschlagen, außerdem noch die Vernunft ins Spiel zu bringen.

Überlege dir einmal mit kühlem Kopf und Befragung deines Herzens, wie der Mensch aussehen sollte, neben dem du an jenem Sonntagmorgen aufwachen möchtest. Welche Eigenschaften sollte dein „Traummann" oder deine „Traumfrau" haben?

Es hat etwas für sich, sich das zu überlegen, bevor man unversehens in eine Beziehung hineingerutscht ist und erst jetzt an den emotionalen Reaktionen spürt, was einem wichtig ist und was einem gegen den Strich geht.

Hier sind Anregungen, über die du nachdenken kannst. Wenn du willst, kannst du einzelne Punkte bewerten. Du machst gewissermaßen eine Stellenbeschreibung für den Platz, den du an deiner Seite zu vergeben hast.

# Mein Traummann, meine Traumfrau, soll diese Eigenschaften und Lebensvorstellungen haben:

Wie wichtig ist dir diese Eigenschaft? 0= auf keinen Fall; 1= egal; 2 = wäre schön; 3= ist mir wichtig; 4 = muss sein

Charaktereigenschaften _____ ☐

Seine/ihre Familie passt zu meiner Familie _____ ☐

Gute Beziehung zum Vater _____ ☐

Gute Beziehung zur Mutter _____ ☐

Seine/ihre Freunde gefallen mir _____ ☐

Interessen _____ ☐

Religionszugehörigkeit _____ ☐

Religion für ihn/sie wichtig _____ ☐

Keine sexuellen Vorerfahrungen _____ ☐

Will unverheiratet zusammenleben _____ ☐

Will nur standesamtlich heiraten _____ ☐

Will kirchlich heiraten _____ ☐

Gewünschte Kinderzahl _____ ☐

Kinder in die Kinderkrippe _____ ☐

Bereitschaft, Konflikte zu klären _____ ☐

Alter _____ ☐

Aussehen _____ ☐

Berufliche Qualifikation _____ ☐

Finanziell selbständig _____ ☐

Jetzt könntest du glatt eine Partneranzeige aufgeben in einem passenden Portal und beim lieben Gott. Es gibt die Person ja schon irgendwo, und sie wartet darauf, dir zu begegnen. Du kannst schon jetzt für sie beten und Gott in den Ohren liegen, dass er doch bald dafür sorgen möge, dass sich eure Wege kreuzen. Beim ersten Date nimmst du dann die Liste mit und hakst die Punkte ab …

War natürlich nicht ernst gemeint. Kann auch ganz anders kommen, als du dir das ausgedacht hast. Amor wird nicht unbedingt vorher deine Liste konsultieren. Aber sie hilft dir, nicht dem Nächstbesten in die Arme zu sinken.

# 8 warten oder nicht warten?

Nun kommen wir zum heißen Brei. Wo du hinschaust: Sex unter Jugendlichen ist „normal", jungfräulich in die Ehe zu gehen, erscheint wie ein Witz aus der Mottenkiste. Steigt die Chance, deine eigenen Ziele zu erreichen, wenn du voreheliche oder unverbindliche sexuelle Beziehungen hast? Ja oder nein?

## was spricht für sex vor der ehe?

### ● sex macht spaß

Wir haben, wie jedes Tier, einen Sexualtrieb, und seine Befriedigung macht Lust. Anders als das instinktgesteuerte Tier kann der

Mensch zu jeder Zeit zu seinem Trieb ja oder nein sagen, auch wenn die Kultur uns weismachen will, es sei ganz unmöglich, nicht nach der Pfeife des Sexualtriebes zu tanzen. Dazu braucht es Selbstbeherrschung. Die gilt zwar nicht viel in einer Spaßgesellschaft, und doch achten wir den, der sich beherrschen kann, und verachten (oder bemitleiden) den, der seinen Trieben ausgeliefert ist.

Frauen Vorsicht! Es ist ein Märchen, dass schneller Sex für die Frau auch nur auf der körperlicher Ebene befriedigend wäre. Frauen wollen, dass Sex Ausdruck von Liebe ist, und gehen leer aus, wenn sie darauf verzichten. Welches junge Mädchen hat gute Erinnerungen an „das erste Mal"? Die Sprache des Körpers muss man erst lernen. Lehrmeisterin ist die Liebe.

### ● die katze nicht im sack kaufen

Ich kenne eine junge Frau, die nach der Trennung von ihrem Ehemann sagte: „Hätte ich doch vorher nur mit ihm geschlafen, dann hätte ich ihn nie geheiratet."

Eltern und Geschwister hatten ihr von dieser Ehe abgeraten (übrigens ohne mit dem Kandidaten geschlafen zu haben). Sie konnten Unvereinbarkeiten wahrnehmen, für welche die Tochter damals blind war.

Es hätte andere Möglichkeiten für die beiden gegeben, sich darüber klar zu werden, ob sie zusammenpassen. Ein gründliches Ehevorbereitungsseminar, wachsam hinschauen, was denn die Person für Beziehungen zu den eigenen Eltern hat, was für Freunde, was für Charaktereigenschaften, was für Neigungen, was für Interessen, welche Erwartungen an den Partner, was für eine Lebensvision.

Dieses Hinschauen hat eine Voraussetzung: Dass es am Anfang eine Phase der Werbung und der Prüfung gibt, in der man nicht gebunden ist, in der jeder seine Freiheit behält. Es ist ein aufregender, spannender Schwebezustand, in dem auch Tränen fließen können, aber kein (Herz-)Blut. Ohne sexuelle Beziehung wird die Werbephase nicht allzu lange dauern und durch Trennung oder Verlobung zu Ende kommen.

Diese Phase ist weitgehend abgeschafft. Man lernt sich kennen, es funkt, und eh man überhaupt noch einen klaren Gedanken fassen konnte, ist man zusammen im Bett. Werbung überflüssig. Prüfung unmöglich.

## ● erfahrungen sammeln

Das ist ein besonders wichtiger Punkt für Jungen. Sie prahlen gerne mit der Zahl der

Frauen, die sie angeblich schon „flachgelegt" haben, und meinen, sie müssten wissen, auf welche Knöpfe man drücken muss, damit sie ein toller Hecht im Bett sind. Aber so wenig dir ein Rhetorik-Kurs hilft, dass du etwas zu sagen hast, so wenig helfen dir sexuelle Techniken, mit deinem Körper Liebe auszudrücken. Das ist es aber, was Frau vor allem will – und Mann hoffentlich auch.

## ● nicht allein sein

Wer in einer Patchwork-Familie mehr oder weniger durchs Netz gefallen ist, stürzt sich besonders früh in Liebesbeziehungen. Die Jungfräulichkeit dranzugeben, erscheint nicht einmal mehr als ein hoher Preis, im Gegenteil, manche wollen diesen lästigen Makel endlich los sein.

Um menschlich zu reifen, wäre aber etwas ganz anderes wichtig: selbständig werden, auf die eigenen Füße kommen, einen Freundeskreis aufbauen, selber ein verlässlicher Freund werden, die eigenen Fähigkeiten ausbilden, auf irgendeinem Gebiet richtig gut werden, Interessen entwickeln, die Welt kennenlernen … Das Leben könnte echt interessant werden, wenn, ja wenn du es aushältst, allein zu sein, bis du wirklich auf eigenen Beinen stehst. Dann erst kannst du in Freiheit deinen Lebenspartner wählen.

## ● tun, was alle tun

Eine Studentin namens Su, die als Jungfrau in die Ehe gehen will, erzählte mir, welchen Druck ihr die Mitbewohnerinnen im Studentenwohnheim machen. Sie sind besorgt um Su, weil sie *krank* würde, wenn sie nicht regelmäßig Sex hätte. „Und was ist mit den Priestern und Ordensleuten?", fragte Su zurück. Hahaha, die Sexskandale zeigen doch, was los ist. Aber natürlich, dürfe sie leben, wie sie wolle. „Danke", sagt Su, „ich brauche eigentlich nicht eure Erlaubnis."

Su weiß, was sie will, sie ist fröhlich, strahlend, gescheit und kennt ihren Wert. Trotzdem macht es ihr was aus, dass sie von der Gruppe zum Exoten abgestempelt wird.

## ● von der geschlechtsreife bis zur ehe ohne sex?

Keiner könne heute von Jugendlichen verlangen, bis zu Ehe zu warten, weil die Geschlechtsreife früher und die Eheschließung später stattfindet.

Es ist eine *biologische* Tatsache, dass die Geschlechtsreife früher eintritt als noch vor ein paar Jahrzehnten, und bei Mädchen sowieso früher als bei Buben. (Das ist in einer sexualisierten Gesellschaft der Grund, warum die Mädels ab 12 Jahren heute oft die Rolle des Anmachens übernehmen.) Über die Ursachen gibt es nur Vermutungen. Es ist eine *soziale* Tatsache, dass sich das Durchschnittsalter der Eheschließung nach hinten verschoben hat – auf 29 Jahre bei Frauen und auf 31 Jahre bei Männern. Gut fünfzehn Jahre ohne Sex? Unmöglich!

Wer so argumentiert, glaubt:
1. ohne Sex zu leben, ist schädlich.
2. ohne Sex zu leben, ist unmöglich.
3. das Hinausschieben der Ehe ist unveränderbar.

Alle drei Annahmen sind falsch. Dass ein enthaltsames Leben möglich ist und erfüllt und fruchtbar sein kann, beweisen die Mönche und Nonnen aller Religionen, und nicht nur sie, denn viele andere leben zufrieden ohne sexuelle Aktivität. Das späte Heiratsalter liegt auch daran, dass es keinen Grund gibt zu heiraten, wenn man schon vorher wie ein Ehepaar zusammenlebt.

# was spricht gegen sex vor der ehe?

● **eine unerwünschte schwangerschaft**

Bekanntlich hat der Geschlechtsakt die Funktion, einen Menschen zu zeugen. Wenn wir von gewollten Kindern in Nichtehelichenlebensabschnittsgemeinschaften absehen, dann bedeutet Sex vor der Ehe, dass die beiden etwas tun, was auf keinen Fall die Folge haben darf, für die der Geschlechtsakt vorgesehen ist: die Empfängnis eines Kindes. Ein Kind ist für junge Menschen, die weder willens noch reif sind, Eltern zu werden, der GAU, der Größte Anzunehmende Unfall. Wie schade, wenn das die Haltung zu einem möglichen Kind ist, die über viele Jahre eingeübt wird!

**Wer die Empfängnis eines Kindes verhindern will, muss verhüten …**

⇨ durch Kondome, die trotz Propaganda keinen „safe sex" garantieren;

⇨ durch die Pille und andere hormonelle Präparate. Sie haben erhebliche Nebenwirkungen: erhöhtes Risiko für Thrombose und Herzinfarkt, Gewichtszunahme, Depression, weniger Lust beim Geschlechtsverkehr. Manche Hormonpräparate verhindern nicht die Befruchtung, sondern die Einnistung des Embryos, sie sind also Mittel zur Frühabtreibung;

⇨ und durch viele andere Methoden, mit denen dich die Schule bekannt gemacht hat.

Dass es Natürliche Empfängnisregelung (NER) gibt, wird unter „ferner liefen" erwähnt mit dem Hinweis: Kann man vergessen, ist nicht sicher.

In der Tat ist die Methode für jugendlichen After-Disco-Sex ungeeignet. Sie beruht nämlich darauf, dass Mann und Frau sich in den Zyklus der Frau einfügen, anstatt ihn hormonell auszuhebeln. Die Frau ist nur an wenigen Tagen fruchtbar und an vielen Tagen unfruchtbar. Durch Beobachtung des Zyklus und Verzicht auf Geschlechtsverkehr an den fruchtbaren Tagen kann eine sehr hohe Sicherheit erreicht werden. Ehepaare berichten von einem Aufblühen ihrer Ehe, wenn sie NER praktizieren.

## ... oder abtreiben

Weil die Natur sich immer wieder als stärker erweist, kann es trotz aller schlauen Maßnahmen zur Verhütung des GAUs doch zu einer Schwangerschaft kommen. Der ungewollte Vater und die ungewollte Mutter kommen in eine schlimme Zwangslage: Viel zu jung Eltern werden – oder abtreiben? Für den Mann gibt es die Möglichkeit, sich aus dem Staub zu machen; für die Frau die Freigabe zur Adoption.

Abtreibung wird dir in den staatlichen Broschüren und von den Beratungsstellen als Option zur „freien" Entscheidung angeboten. Von einem Abbruch der Schwangerschaft ist die Rede, nicht von der Tötung eines Kindes, das dich anlächeln und dir vertrauen würde, wenn du ihm noch einige Monate Zeit geben würdest.

Was dir in der Regel verschwiegen wird, sind die psychischen Folgen, die eine Abtreibung hat. Die Medizin spricht vom „Post Abortion Syndrom" (PAS), von Depressionen, Angstzuständen, Suizidgefährdung und Suchtverhalten, die nach Abtreibungen gehäuft auftreten. Manche Frauen können lange nicht ertragen, ein Baby zu sehen, und weichen jedem Kinderwagen aus.

● **sexuell übertragbare krankheiten (STD)**
Geschlechtskrankheiten aller Art breiten sich rasant aus, besonders unter Jugendlichen. Dazu gehören die Klassiker Syphilis und Tripper, aber auch ein Rattenschwanz von neueren Infektionen wie AIDS, HPV-Infektionen (verursachen Warzen im Intimbereich), Herpes, Chlamydien-Infektionen (viele Frauen werden dadurch unfruchtbar), Hepatitis und andere Infektionen. Alles kein Spaß, vielmehr kann der Spaß tödlich ausgehen. Es gibt nur ein hundertprozentig sicheres Mittel dagegen: Enthaltsamkeit vor der Ehe und Treue in der Ehe.

Den Beweis hat Uganda erbracht. Es ist das einzige Land, das seine AIDS-Rate in den letzten zwanzig Jahren um siebzig Prozent senken konnte. Wie? Uganda hat vom Kondom-Mythos Abschied genommen und ist in einer nationalen Kampagne zur ABC-Methode übergegangen: „A" für „Abstain" (Enthaltsamkeit) , „B" für „Be faithful" (Treue) und „C" für Condom – falls A und B nicht funktionieren.

Könnte man auch bei uns in den Schulen lehren. Aber das ist offenbar nicht gewollt.

### ● seelische verletzungen

Wenn du dich umschaust in deinem Bekanntenkreis – wie glücklich sind die Leute in ihren Beziehungen? Wie glücklich bist du selbst? Was hast du schon erlebt an Verlieben, Versprechen, Enttäuschung, an Trennung und Schmerz? Wie oft schon? Was für Schlüsse ziehst du daraus für deine weitere Lebensgestaltung?

Wenn dich die Liebe schon einmal getroffen hat und du dann verlassen wurdest, fließt Herzblut und es wird eine Narbe bleiben. Es kann sein, dass jemand, der so verletzt wurde, nicht mehr bereit sein wird, sich noch einmal so tief zu öffnen.

Oder du hast das getan, wozu dich die geballte Macht dieser Gesellschaft drängt: Du bist früh in den Sexzirkus eingestiegen. Die Liebe hast du überhaupt nie kennengelernt. Auch dann hast du tiefe seelische Verletzungen. Du hast deinen Körper von der Seele getrennt, und deine Seele leidet. Denn ob du es willst oder nicht: Jede Berührung des Körpers ist eine Berührung der Seele.

Was du auf diesen Wegen verlierst, ist die Fähigkeit, dich zu binden. Wie groß sind dann die Chancen, dass dein Traum von Liebe und Glück und Familie wahr wird?

Die Frage über diesem Kapitel war: Warten oder nicht warten? Wie sieht die Bilanz aus zwischen den Vor- und Nachteilen von Sex vor der Ehe? Bei Licht betrachtet, überwiegen die Nachteile bei weitem. Komisch, dass die Leute das nicht merken. Offenbar fehlt das Licht.

# 9 wo stehst du?

Du hast inzwischen eine Menge Informationen, die dir helfen können bei der Routenplanung. Wichtig ist nicht nur, das Ziel zu kennen, sondern auch den Ausgangspunkt. Es gibt vier Möglichkeiten.

1. **Du bist noch Jungfrau (ob als Mann oder als Frau)**
   Gratuliere! Für dich steht noch alles offen. Du musst nicht umkehren. Du musst warten können und stark bleiben.

2. **Du lebst unverheiratet in einer sexuellen Beziehung mit einem Partner**
   Der Körper sagt „ja", Herz und Wille sagen „mal sehen". Konflikte sind vorprogrammiert. Plötzlich sind Ansprüche da auf den anderen, ein Tauziehen beginnt, in dem ständig unausgesprochen getestet wird, wie verlässlich die Liebe ist. Wer sich abhängig fühlt, macht Stress. Oft sind beide abhängig, und lassen sich deswegen Stress

machen. Die beste Konfliktlösungsstrategie scheint Sex zu sein: sich in die Arme fallen und wenigstens ein paar Stunden lang glauben, es sei alles gut.

Das kann sich lange so hinziehen. Manchmal schlittert ein Paar auf diese Weise in die Ehe. Die Prognose für die Scheidungswahrscheinlichkeit von Paaren, die vor der Heirat bereits zusammengelebt haben, liegt noch beträchtlich höher als bei Paaren, die erst nach der Ehe zusammengezogen sind.

Was tun? Der Wahrheit ins Auge schauen. Die sexuelle Beziehung beenden und klären, ob er oder sie dein Lebenspartner ist. Vielleicht musst du durch den Schmerz der Trennung gehen, aber danach hast du eine neue Chance.

### 3. Du hast (wieder?) eine Beziehung hinter dir und bist jetzt allein

Du stehst an einer Weichenstellung. Nun heißt es aufwachen! Hoffst du, dass der Nächste der oder die „Richtige" sein wird? Oder bist du bereit, dein eigenes Verhalten in Frage zu stellen? Wenn du sitzen gelassen wurdest: Gibst du dem anderen alle Schuld? Wurdest du getäuscht oder gezwungen, die Beziehung einzugehen? Wenn du für dich Verantwortung übernimmst, kannst du die Weiche diesmal umstellen.

Oder bist du der coole Frauenheld, der schon so vielen Frauen das Herz gebrochen hat? (Warum fallt ihr Frauen bloß darauf herein?!) Für wieviele verwundete Herzen bist du verantwortlich? Merkst du nicht, dass sich dein Charakter verändert, dass du oberflächlich wirst, dass dein Mitgefühl schwindet, dass du ein gespaltener Mensch wirst, der keine Verantwortung übernimmt und mit jeder neuen Beziehung unfähiger wird zu echter Liebe und zur Bindung?

Das Gleiche gibt es natürlich auch auf weiblich: die Frau, die ihr Selbstbewusstsein daraus zieht, Männer zu verführen.

**4. Du lebst deinen Sexualtrieb isoliert aus, abgetrennt von Herz und Wille**
Das kann verschiedene Formen haben: wechselnde Partner, Pornographiesucht, Masturbation. Da die eigentliche Sehnsucht nach dem Du, nach Liebe und Geborgenheit nicht erfüllt wird, wird das Verhalten schnell süchtig. Du holst dir immer wieder den Kick und gerätst immer tiefer

ins Elend. Bist du schon am tiefsten Punkt oder muss es noch tiefer gehen? Ich rate dir: suche Hilfe – Therapie, Selbsthilfe-gruppen oder einen Seelsorger.

In welcher Situation du auch sein magst, die gute Nachricht ist:

Du kannst umkehren.
Du kannst deine Reinheit wiedergewin-nen.
Du kannst glücklich werden.

Das geht nicht von heute auf morgen, du brauchst Beharrlichkeit und Geduld. Später wirst du anderen helfen können, aus dem Sumpf herauszufinden.

Wie immer es mit deiner subjektiven Frei-heit bestellt sein mag: Du bist objektiv frei. Es kommt darauf an, deine Freiheit in Besitz zu nehmen. Dich selbst in Besitz zu nehmen. Auf diesem Weg bekommst du Hilfe von ganz oben, vom Chef persönlich.

# 10 es ist möglich

Warten ist schwer. War schon immer schwierig, auch zu Urgroßmutters Zeiten, als man das allgemein noch für richtig hielt und alle möglichen Sicherheitsvorkehrungen ins Sozialgefüge eingebaut waren, um die Leute moralisch bei der Stange zu halten. Damals war es gar nicht einfach, einen Platz zu finden, wo man mit seiner Angebeteten allein sein konnte.

Kürzlich kam nach einem Vortrag eine 27 Jahre junge Frau zu mir und fragte mit einer Dringlichkeit, als würde sie nach dem letzten Rettungsanker greifen: „Lohnt es sich denn zu warten?" „Ja," sagte ich, „es lohnt sich."

Ein Jahr später traf ich sie wieder. Strahlend stellte sie mir ihren Mann vor. Schon einen Monat danach hätten sie sich kennengelernt und kurz darauf geheiratet. Das weiße Kleid war wirklich ein Zeichen für die Reinheit der Braut, die sich für ihren Mann geschmückt hat. Beide konnten zueinander sagen: „Ich habe auf dich gewartet. Und es hat sich gelohnt."

Stell dir vor, du könntest das zu jemand sagen und jemand anders würde es zu dir sagen!

Es kann sein, dass die Phase des Wartens und des Reifens länger dauert, als dir lieb ist. Die Auswahl scheint so klein. Manchmal bist du in Gefahr zu verzagen.

Wenn ihr euch dann begegnet, erscheint es wie ein Wunder aus Tausendundeiner Nacht. Ihr verlobt euch und baut in der Vorstellung am Haus der gemeinsamen Zukunft. Das große Ja liegt in greifbarer Nähe und durchstrahlt die Gesten der Zärtlichkeit. Die Hochzeit wird vorbereitet. Sie ist wirklich Grund zum Jubel, denn seit der Vertreibung aus dem Paradies herrscht Zwietracht zwischen Mann und Frau.

Ihr sagt ja zueinander vor Zeugen und in aller Öffentlichkeit. Jeder soll ab jetzt wissen, dass du dich jemandem geschenkt hast, dass du mit einem anderen „ein Fleisch" geworden bist. Ihr steckt einander den Ring an den Finger als Zeichen eurer Treue und sprecht:

*Vor Gottes Angesicht nehme ich dich als meine Frau/meinen Mann. Ich verspreche dir die Treue in guten und in bösen Tagen, in Gesundheit und Krankheit, bis dass der Tod uns scheidet. Ich will dich lieben, achten und ehren alle Tage meines*

*Lebens. Trag diesen Ring als Zeichen unserer Liebe und Treue: Im Namen des Vaters und des Sohnes und des Heiligen Geistes.*

Ihr spendet einander (als Katholiken) das Sakrament der Ehe und wisst: *Was Gott verbunden hat, das darf der Mensch nicht scheiden.* Eure Ehe ist nun ein Zeichen für die Beziehung Gottes zu seinem Volk. Denn: „Wie sich der Bräutigam freut an seiner Braut, so freut sich dein Gott an dir." (Jes 62,5)

Weil ihr euch aneinander gebunden habt, habt ihr die Freiheit, euch einander zu schenken. Es hat sich gelohnt!

# 11 woher die kraft?

Alles, was mit Sexualität zu tun hat, geht an die Wurzel. Es geht um den Menschen, es geht um das Menschsein als Mann und als Frau. Etwas Größeres kann der Mensch nicht schaffen als einen Menschen, denn etwas Größeres als den Menschen gibt es auf dieser Erde nicht. Komisch, dass man uns immer einreden will, der Mensch unterscheide sich kaum vom Affen, wo doch noch niemand eine Affensymphonie gehört, ein Affenbuch gelesen oder von einem Affen ein Geschenk bekommen hat.

Der Mensch unterscheidet sich nicht ein bisschen, sondern fundamental vom Tier.

– Nur der Mensch kann Wahrheit erkennen.

– Nur der Mensch ist frei, Gutes oder Böses zu tun.

– Nur der Mensch kann lieben bis hin zum Opfer.

Der Christ hat über den Menschen noch Größeres zu sagen:

– Der Mensch ist in der Ebenbildlichkeit Gottes geschaffen.
– Der Mensch hat eine unsterbliche Seele.

Deswegen ist seine Würde unantastbar.

### Dieser Mensch bist du.

Vielleicht hat dieses kleine Buch in dir den Wunsch geweckt, den Höhenweg der Liebe einzuschlagen. Ein schönes, erfülltes Leben ist für dich möglich, ganz egal, wo du jetzt stehst. Das geht nicht von heute auf morgen. Aber *heute* kannst du dich entscheiden, die Richtung zu ändern. *Heute* kannst du die Weiche umstellen. Erst ist der Unterschied nur ganz klein wie bei den Zügen, die fast parallel aus dem Bahnhof fahren, aber bald zu ganz unterschiedlichen Zielen unterwegs sind. Die Weichenstellung ist das Entscheidende.

Du wirst dich am Anfang allein fühlen. Du wirst wahrscheinlich ein paar dumme Sprüche hören, vielleicht ertragen müssen, zu bestimmten Cliquen nicht mehr dazuzugehören. Aber du wirst deine Freiheit schon bald genießen. Du wirst neue, bessere Freunde finden, neue Interessen, ein neues Selbstbewusstsein; eine Quelle der inneren Freude wird sachte anfangen zu sprudeln. Deine Ausstrahlung wird sich verändern und eine Schönheit an dir sichtbar werden, die dir keine Beautyfarm, keine Schönheitsoperation und kein Fitnessclub geben kann. Reinheit ist wie ein Stern, der auf deiner Stirn steht. Du bist auf dem Weg, jemand zu werden, der Maßstäbe setzt, anstatt dich den Zwängen einer Gruppe anzupassen.

Was ich bisher gesagt habe, ist mit dem Herzen und mit der Vernunft zu erkennen. Aber die Vernunft reicht nicht aus, um zu tun, was wir erkennen, am wenigsten im Bereich der Sexualität, denn da haben wir es mit großen Kräften zu tun, mit Trieb und Liebe, mit Leben und Tod, mit Gott und seinem Widersacher. Weil wir Kraft brauchen, um die wunderbare Gabe der Sexualität in den Dienst der Liebe zu stellen, muss ich über die Quelle der Kraft sprechen, über Gott.

Ich kann bezeugen, dass sich mein eigenes Leben radikal zum Guten gewandelt hat, seit ich IHN ans Steuer gelassen habe.

Gott hat eine schlechte Presse, im wahrsten Sinne des Wortes. Überlege einen Augenblick, ob deine Ansichten über Gott und Kirche mit dem übereinstimmen, was du in der Zeitung liest, du weißt schon: Kreuzzüge, Hexen, Frauenpriestertum und Kondome. Du hast es so oft gehört, dass es einfach wahr sein muss.

Wirklich? Hast du die Erfahrung gemacht, dass das, was „alle" glauben, richtig ist? Wie war das bei den Nazis? Haben nicht die Massen Hitler zugejubelt?

Wahrheit ist immer unbeliebt, weil sie die Machtverhältnisse in Frage stellt, zu Jesu Zeiten nicht anders als heute. Allein die Tatsache, dass die sexbesessene Welt aufschreit, wenn der Papst sagt, Kondome seien kein Allheilmittel für die Not Afrikas, spricht dafür, dass er recht hat.

Jesus manipuliert nicht. Er verspricht uns nicht das Blaue vom Himmel, sondern den Himmel selbst, wenn wir ihn lieben. Was es bedeutet, ihn zu lieben, sagt er deutlich: „Wenn ihr mich liebt, werdet ihr meine Gebote halten." (Joh 14,15) Und wer seine Gebote hält, der wird erfahren, dass das Leben gut wird, sich Lebensfreude und Zufriedenheit einstellen und unvermeidliches Leid getragen werden kann.

Du wirst erfahren, dass du die Kraft bekommst, das zu tun, was du als wahr erkennst, vielleicht schon immer tun wolltest, aber nicht tun konntest. Denn Gott verspricht dir:

*Ich gieße reines Wasser über euch aus, dann werdet ihr rein.*
*Ich reinige euch von aller Unreinheit, von all euren Götzen.*
*Ich schenke euch ein neues Herz und lege einen neuen Geist in euch.*
*Ich nehme das Herz aus Stein aus eurer Brust und gebe euch ein Herz von Fleisch.*
*Ich lege meinen Geist in Euch und bewirke, dass ihr meinen Gesetzen folgt,*
*auf meine Gebote achtet und sie erfüllt.*
(Ez 36,25-27)

Das geschieht nicht ohne deinen Willen, nicht ohne deine freie Entscheidung, nicht ohne deinen Einsatz. Gott hat dem Menschen als einzigem Geschöpf die Willensfreiheit geschenkt und nimmt es nicht zurück, selbst wenn wir uns und anderen schaden oder seinen Sohn kreuzigen. Ein Sprichwort sagt: Wenn du einen Schritt auf Gott zumachst, kommt er dir zehn Schritte entgegen.

Jesus macht ein großes Versprechen:

> *Bittet, dann wird euch gegeben.*
> *Sucht, dann werdet ihr finden.*
> *Klopft an, dann wird euch geöffnet.*
> *Denn wer bittet, der empfängt;*
> *wer sucht, der findet;*
> *und wer anklopft, dem wird geöffnet.*
>
> (Mat 7,7-8)

Das Versprechen steht, schon zweitausend Jahre lang. Jesus sagt nicht, *wann* es geschieht, aber *dass* es geschehen wird. Gott ist großzügig, Er lässt sich finden und Er öffnet die Tür. Nimm Ihn beim Wort! Ich kann bezeugen, dass Er sein Versprechen hält. Ich habe gebetet, als ich noch keine Ahnung hatte, ob mich jemand hört. Ich habe gesucht, als alles dunkel war. Ich habe an die Kirchentür geklopft, als ich die Kirche noch abgelehnt habe.

Jesus stellt keine Bedingungen, er sagt nicht: Wenn du rein lebst, dann wird dir gegeben. Wenn du die fremden Götter rausschmeißt, dann wirst du finden. Wenn du dich zu mir bekennst, dann wird dir geöffnet. Nichts davon. Genauso, wie du jetzt bist, fang an zu bitten, zu suchen und anzuklopfen. Das allerdings ist nötig: genauso, wie du jetzt bist.

Dann wirst du das Geheimnis entdecken, das deine Sehnsucht nach Liebe beantwortet und das dich fähig macht, selbst zu lieben:

## Gott liebt dich.

Hier entsteht ein Netz für junge Leute:

**www.only-you.eu**